"Ви просили зростання, ви просили процвітання, ви просили Успіху...
Не дивуйтеся, коли життя випробовує вас на міцність.
Успіх приходить завдяки наполегливості, завзятості, стійкості і ніколи не здаватися."

Нело

Голод до Успіху

© 2024 **Nelo™ Media** | Підрозділ **Nelo™ Group**, зареєстрований як **Nelo LLC**
Створено **Nelo™**

Голод до Успіху
Практичний Посібник для Досягнення Успіху в Бізнесі та Житті

Нело

Авторське право © 2023 **Nelo**

Всі права захищені.

Видано в США компанією **Nelo™ Media**, підрозділом **Nelo™ Group**, зареєстрованим як **Nelo LLC**.

www.nelo.media
www.nelo.group

Жодна частина цієї публікації не може бути відтворена, збережена або внесена до інформаційно-пошукової системи чи передана в будь-якій формі або будь-якими засобами (електронними, механічними, фотокопіюванням, записом або іншим чином) без дозволу видавця.

Nelo™ Media-книги можна придбати для освітніх, ділових цілей або для стимулювання збуту.
Для отримання додаткової інформації про продаж або комерційне ліцензування, будь ласка, зв'яжіться з нами електронною поштою:
media@nelo.group

Оригінальна назва: *Hunger of Success*

Каталогізаційні дані для публікації були запитані в Бібліотеці Конгресу США.

Paperback ISBN 9798340549938

НАДРУКОВАНО У СПОЛУЧЕНИХ ШТАТАХ АМЕРИКИ

Дизайн книги від Nelo
Дизайн обкладинки від Nelo
Графіка Nelo
Ілюстрації Nelo

ПЕРШЕ ВИДАННЯ серпень 2024 року

Шановний читачу,

Створення цього літературного твору є повністю оригінальним і неопублікованим автором. Прагнучи зробити його доступним для глобальної аудиторії, ми застосували експериментальні технології, такі як штучний інтелект, щоб перекласти текст більш ніж 55 мовами.

Завдяки цим технологічним інструментам ми змогли подолати мовні та географічні бар'єри, дозволивши читачам різних національностей і культурних традицій насолоджуватися цим твором рідною мовою.

Хоча ці інструменти дозволяють нам охопити ширшу читацьку аудиторію по всьому світу, існує ймовірність того, що деякі орфографічні або граматичні помилки могли бути пропущені. Ми прагнемо постійно вдосконалювати наші переклади, і ваші відгуки дуже важливі для нас.

Якщо ви знайшли помилки або маєте зауваження до тексту, ми будемо дуже вдячні, якщо ви поділитеся ними з нами. Ваші коментарі є безцінними для покращення якості наших публікацій. Будь ласка, надсилайте свої коментарі на електронну адресу:
media@nelo.group

Ми дякуємо вам за розуміння та підтримку. Сподіваємося, вам сподобається читати цю виняткову роботу.

ПРИСВЯЧЕННЯ

За моїх дочок,
Саманта Валентина та **Марія Валентина**
Я люблю їх усім серцем.

За мене,
Мамо
Хто ніколи не здавався і не переставав вірити в Мене.

ЗМІСТ

Подяки i

01 Вступ 17

02 Історія успіху 21

03 Розвиток підприємницького мислення 29

04 Самопізнання та самодисципліна 37

05 Важливість планування та стратегії 43

06 Креативність та інновації 51

07 Фінанси для підприємців 57

08 Управління людськими ресурсами 63

09 Ефективна комунікація для підприємців 69

10 Технології та цифрова трансформація 77

11 Важливість бізнес-етики 85

12 Подолання перешкод та невдач 93

13 Поради та рекомендації 103

14 Продажі 111

Висновки 125

Про автора 131

ПОДЯКИ

Всім людям, які так чи інакше були поруч зі мною, супроводжували мене, навчали, направляли, виправляли і розкривали в мені найкраще, щоб я щодня ставав кращим у цій пригоді під назвою підприємництво.

Всім... ¡Щиро дякуємо!

Нело

"Якби ви не були здатні це зробити, ця можливість ніколи б не перетнула ваш шлях."

01.
ВСТУП

Ласкаво просимо до "Голод до Успіху: Практичний Посібник для Досягнення Успіху в Бізнесі та Житті" (Hunger of Success: A Practical Guide to Success in Business and in Life). Мене звати Нело (Nelo), і я радий поділитися з вами своєю історією та уроками, які я засвоїв на своєму шляху до успіху.

Моє життя не завжди було легким. Насправді, я зіткнувся з багатьма викликами та негараздами на своєму шляху, починаючи з раннього віку. Я навчився боротися за те, чого хотів, і долати перешкоди, які траплялися на моєму шляху.

Я чітко пам'ятаю момент, коли вирішив стати підприємцем і розпочати власну справу. Це була мрія, яку я виношував давно, але я знав, що це буде нелегко. Мені довелося багато працювати і ризикувати, навіть коли інші говорили мені, що це божевілля. Але я ніколи не здавалася.

На своєму шляху до успіху я засвоїв багато цінних уроків. Необхідність мати позитивне та проактивне мислення, визначати бізнес-можливості та долати страх невдачі. Важливість планування та стратегії, креативності та інновацій, управління фінансовими та людськими ресурсами, ефективної комунікації та ділової етики.

Але, мабуть, найголовніше, що я засвоїв, - це те, що перешкоди та негаразди - це можливості для зростання та вдосконалення. Кожного разу, коли я стикався з викликом, я розумів щось нове про себе і про те, як ефективно справлятися з проблемами.

У цій книзі я поділюся своєю історією та уроками, які я засвоїв на шляху до успіху. Сподіваюся, що цей практичний посібник стане джерелом натхнення та мотивації для всіх, хто прагне досягти і реалізувати власні цілі.

"На шляху до величі немає коротких шляхів, є лише наполегливість і рішучість."

02.
ІСТОРІЯ УСПІХУ

Мій шлях до успіху не був легким. Я зіткнувся з низкою викликів і перешкод, які заважали мені рухатися вперед, таких як життя на вулиці, смерть моєї нареченої, смерть мого сина, і все це протягом восьми місяців. У той момент я був на межі того, щоб опустити руки, але потім зрозумів, що якщо я хочу досягти своєї мрії, мені доведеться подолати всі ці невдачі.

Я зрозумів, що Успіх не приходить за одну ніч. На шляху до Успіху я зіткнувся з низкою невдач і падінь, які змусили мене переоцінити свій підхід і знайти нові способи вирішення проблем. Але кожного разу, коли я падав, я піднімався сильнішим і рішучішим, ніж раніше.

У цьому розділі я хочу поділитися з вами

уроками, які я засвоїв на своєму шляху до успіху. Я зрозумів, що наполегливість, завзятість і терпіння стануть ключем до подолання перешкод і досягнення Успіху. А також, що дуже важливо мати чітке бачення того, чого ти хочеш досягти, і постійно та цілеспрямовано працювати над досягненням цих цілей.

Але, мабуть, найголовніше, чого я навчилася, - це те, що успіх полягає не лише в досягненні цілей, але й у тому, щоб насолоджуватися дорогою до них. Цінувати кожне маленьке досягнення і святкувати кожен крок вперед. Я зрозуміла, що Успіх - це не лише мета, якої потрібно досягти, але й дорога, якою потрібно йти.

Я поділюся своєю історією та уроками, які я засвоїла на своєму шляху до успіху. Сподіваюсь, моя історія надихне і мотивує вас. А мій досвід це підтвердить:

Незалежно від того, якою є ваша поточна ситуація, ви просто повинні встати і почати діяти. Зустрітися з перешкодами і подолати їх, щоб досягти своїх цілей.

Я народився в Колумбії, в містечку Ярумаль, традиційному антіокейському містечку поблизу міста Меделїн, але більшу частину свого підліткового віку провів в іншому містечку під назвою Вальдівія, в регіоні Бахо-

Каука в Антіокії.

Недавня історія моєї країни була позначена насильством, а цей регіон - це практично старий Захід: партизанський, воєнізований, наркоторгівля, війна.

Тож у підлітковому віці питання, яке я ставив собі найбільше, питання, яке постійно повторювалося в моїй голові, було таким:

¿Що станеться з моїм життям?
¿Це партизани чи воєнізовані формування?

І так було доти, доки в будинку не з'явився телевізор, мій перший контакт з технологіями.

Мені було років сім чи вісім, і я пам'ятаю перший фільм, який я побачив, називався:

Уолл-стріт
З 1987 року з Майклом Дугласом і Чарлі Шином.

І з того моменту, як я побачив цей фільм, моя голова вибухнула. Тому що це був новий і абсолютно невідомий для мене світ. І з того моменту я сказав:

¡Я хочу бути таким!
Брокерські послуги Брокер

Я хочу так розмовляти, так одягатися, мати такий офіс, так спілкуватися з людьми і вести такий спосіб життя.

Тож з дуже юного віку, самоучкою та емпіричним шляхом, я почав читати багато фінансових книг, економіки, фондових ринків, математики, щоб підготувати себе до того, щоб стати біржовим брокером.

За фахом я фінансовий аналітик та емпіричний економіст. У мене не було можливості отримати вищу освіту через брак фінансових ресурсів. Але це не було перешкодою, я сприймала це як можливість і виклик - вміти вимагати від себе, щоб досягти своєї мрії за будь-яку ціну.

Моя історія - це історія наполегливості та рішучості. Коли я вирішила стати підприємцем і розпочати власну справу, багато хто казав мені, що я ризикую всім і що це божевілля. Незважаючи на це, я мав чітке бачення і був готовий наполегливо працювати, щоб втілити його в життя.

У моєму житті я стикався з різними викликами, такими, як згадані вище, які змушували мене відчувати себе пригніченим, і часом, коли я не знав, як рухатися далі, але я пам'ятав про своє бачення і причину, чому я боровся.

Я дізнався, що для досягнення успіху життєво важливо мати позитивне та проактивне мислення, бачити проблеми як можливості, бути креативним та інноваційним, мислити нестандартно та шукати унікальні рішення для кожної проблеми.

Я також дізнався про важливість планування та стратегії. Йдеться не лише про наявність чіткого бачення, але й про створення надійного та детального плану для його реалізації. Дисциплінованість, організованість, послідовність і відданість справі є дуже важливими.

Коротше кажучи, моя історія - це історія наполегливості, рішучості та стійкості. Я навчилася цінувати кожне маленьке досягнення і радіти кожному кроку вперед.

Сподіваюся, моя історія надихне і мотивує тих, хто стикається з перешкодами на своєму шляху, і покаже їм, що їх можна подолати, щоб досягти Успіху, якого вони прагнуть.

"Незалежно від поточної ситуації, просто встаньте і дійте."

03. РОЗВИТОК ПІДПРИЄМНИЦЬКОГО МИСЛЕННЯ

Розвиток підприємницького мислення має важливе значення для досягнення успіху в бізнесі та в житті. У цій главі я поділюся своїм досвідом та уроками, які я засвоїв на своєму шляху до успіху.

Для мене розвиток підприємницького мислення почався з прийняття рішень. Я часто стояв перед вибором: шукати і продовжувати працювати на стабільній і безпечній роботі чи ризикнути і розпочати власну справу. З часом я навчився бути впевненим у своїх навичках і здатності приймати розумні та сміливі рішення.

Ще одним важливим аспектом розвитку підприємницького мислення є вміння ризикувати та долати страх невдачі.

"Боятися невдач - це природно, але важливо те, як ми реагуємо на цей страх."

Я зрозумів, що невдача - це лише можливість вчитися і розвиватися, і що кожна невдача наближає мене до моєї кінцевої мети.

Наполегливість також є ключовим фактором у розвитку підприємницького мислення. На моєму шляху було багато викликів і перешкод, але я завжди зберігав рішучість і зосереджувався на своїх довгострокових цілях. Навіть у найскладніші моменти я знаходив у собі сили йти вперед і не здаватися.

Нарешті, творчість та інновації мають важливе значення для розвитку підприємницького мислення. Я навчився мислити нестандартно та шукати інноваційні рішення для проблем, які виникали на моєму шляху. Це дозволило мені виділитися на конкурентному ринку і завжди бути на крок попереду конкурентів.

Розвиток підприємницького мислення є запорукою успіху. На власному досвіді я зрозумів, наскільки важливо приймати сміливі рішення, ризикувати, вистояти у важкі часи та шукати інноваційні рішення. Сподіваюся, ці уроки надихнуть читачів розвивати власне підприємницьке мислення та досягати поставлених цілей.

Якщо ви хочете досягти успіху як підприємець, важливо мати підприємницьке мислення. ¿Але що саме це означає? Для мене це означає проактивне та позитивне ставлення до викликів, інноваційність та креативність, а також готовність йти на зважені ризики.

Розвиток підприємницького мислення не відбувається за одну ніч. Це вимагає практики та наполегливості. Особисто мені довелося багато працювати, щоб розвинути це мислення. На шляху до успіху мені довелося подолати багато перешкод і невдач. Але кожного разу, коли я стикався з перешкодою, замість того, щоб здатися, я шукав рішення і продовжував йти вперед.

Ще одна важлива річ для розвитку підприємницького мислення - оточувати себе однодумцями. Я завжди намагаюся бути з людьми, які є пристрасними, креативними та готовими ризикувати. Ці люди не тільки надихають мене, але й дають мені перспективу та підтримку, необхідну для руху вперед.

У цьому розділі ми розглянемо деякі ключові характеристики підприємницького мислення та способи їх розвитку. Ми розглянемо, як ви можете прийняти мислення зростання, вчитися на своїх помилках і завжди бути в пошуку нових можливостей. Ми також поділимося деякими практичними порадами, які допоможуть вам розвинути сильне та стійке підприємницьке мислення.

Пам'ятайте, що розвиток підприємницького мислення необхідний не лише для успіху в бізнесі, але й у житті. Прийнявши проактивне і позитивне мислення, ви зможете подолати будь-які перешкоди і досягти своїх найамбітніших цілей.

Так само важливо навчитися ризикувати і виходити із зони комфорту. Іноді єдиний шлях вперед - це ризикнути і спробувати щось нове. З мого досвіду, кожного разу, коли я ризикував і виходив із зони комфорту, я відчував значне зростання у своєму бізнесі та особистому житті.

Звичайно, важливо також навчитися справлятися з невдачами. Як підприємець, ви неминуче стикатиметеся з невдачами та невдачами. Головне - не дозволяти невдачам зупинити вас. Замість цього, ви повинні вчитися на своїх помилках, коригувати свій підхід і рухатися вперед.

Ще одним ключовим аспектом підприємницького мислення є здатність мислити креативно та інноваційно. Часто найбільші прориви в бізнесі та в житті в цілому відбуваються завдяки нестандартному мисленню та пошуку інноваційних рішень для звичайних проблем.

Коротше кажучи, розвиток підприємницького мислення передбачає проактивність, ризик, вихід із зони комфорту, навчання на невдачах та креативне й інноваційне мислення.

У цьому розділі я поділився своїми порадами та стратегіями, які допоможуть вам розвинути підприємницьке мислення та подолати перешкоди на шляху до успіху.

*"Не чекайте, поки з'являться можливості...
Створюйте їх."*

04. САМОПІЗНАННЯ ТА САМОДИСЦИПЛІНА

Один з найважливіших уроків, який я засвоїв, - це надзвичайна важливість самопізнання та самодисципліни. Щоб досягти своїх цілей, потрібно пізнати себе, визначити свої сильні та слабкі сторони і прагнути вдосконалюватися щодня.

У своєму досвіді я зіткнувся з багатьма викликами, які змусили мене замислитися над тим, ким я є як особистість, підприємець і бізнесмен. Я навчився чесно говорити про свої слабкі сторони, цінувати і розвивати свої сильні сторони. Це дозволило мені поставити чіткі та реалістичні цілі для себе та свого бізнесу.

Так само я зрозуміла, що успіх - це не лише питання таланту чи везіння, а й самодисципліни та ефективних звичок. Я розробив щоденні процедури і практики, які допомагають мені зосереджуватися на своїх цілях і бути більш продуктивним: від складання щоденного розкладу до медитації і регулярних фізичних вправ.

У цьому розділі я поділюся власним досвідом і порадами, як визначити свої сильні та слабкі сторони, поставити особисті та професійні цілі, а також виробити ефективні звички для досягнення успіху. Сподіваюся, вони будуть корисними для тих, хто прагне покращити свою самосвідомість та самодисципліну на шляху до успіху. ¡Давайте зробимо це разом!

З мого досвіду, самопізнання та самодисципліна є фундаментальними для досягнення успіху в бізнесі та в житті загалом. Визначення своїх сильних і слабких сторін допомогло мені краще зрозуміти свої можливості та обмеження. Це, в свою чергу, дозволило мені максимально використати свої таланти і працювати над вдосконаленням у тих сферах, де я відчуваю найбільші труднощі.

Більше того, постановка чітких і досяжних особистих і професійних цілей стала ключовим фактором мого успіху. Без чітких цілей легко загубитися в щоденній рутині і втратити з поля зору те, що дійсно має значення. Але чітке бачення того, чого я хочу досягти, і постійна робота над цим допомагає мені бути мотивованим і зосередженим на шляху до успіху.

Я також дізнався, що розвиток здорових і продуктивних звичок є фундаментальним для підтримки підприємницького мислення.

Протягом своєї кар'єри я впровадив низку звичок і рутин, які допомагають мені залишатися зосередженим і продуктивним.

Від раннього підйому та фізичних вправ до медитації та ретельного планування свого дня - ці звички дозволили мені працювати більш ефективно та результативно і зробили значний внесок у мій Успіх.

Зрештою, я зрозумів, що якщо я хочу досягти своїх цілей і досягти Успіху, мені потрібно бути більш дисциплінованим і цілеспрямованим. Я почала ставити конкретні цілі на кожен день, тиждень і місяць, а також розвивати звички, які допомагали мені не відставати від графіка.

Пам'ятайте, що успіх не приходить за одну ніч, він вимагає часу, зусиль і відданості. Але якщо ви добре знаєте себе і дисциплінуєте себе, щоб слідувати своїм шляхом, ви будете на правильному шляху до успіху в бізнесі і в житті. ¡Не зупиняйтеся!

Самосвідомість і самодисципліна є фундаментальними для досягнення успіху в будь-якій сфері життя. Визначивши свої сильні та слабкі сторони, поставивши особисті та професійні цілі, а також розвинувши звички для досягнення успіху, ви зможете досягти поставлених цілей і подолати труднощі на цьому шляху.

На своєму досвіді я зрозуміла, що дисципліна - це ключ до довгострокового успіху. Це не просто наполеглива праця, це стратегічний підхід і відданість своїм цілям день у день.

З мисленням, зосередженим на самопізнанні та самодисципліні, я впевнений, що ви можете досягти всього, чого забажаєте в житті та бізнесі.

*"Якщо ти скажеш:
Завтра я це зроблю...
Ти вже програв."*

05.
ВАЖЛИВІСТЬ ПЛАНУВАННЯ ТА СТРАТЕГІЇ

Планування та стратегія є фундаментальними для будь-якої успішної мети, підприємства чи бізнесу. Важливість наявності ефективного бізнес-плану, стратегій маркетингу та продажів, а також розвитку особистого бренду. Я сподіваюся, що мої поради та досвід допоможуть вам створити ефективну стратегію для розвитку вашого бачення.

У цій главі я поділюся своїм досвідом і знаннями про важливість планування та стратегії для успіху бізнесу. Сподіваюся, моя історія надихне читачів на розробку ефективних бізнес-планів та інноваційних маркетингових стратегій, а також на роботу над власним брендом, щоб виділятися на конкурентному ринку.

- *Розробка ефективного бізнес-плану:*

Коли я розпочав свій бізнес, я швидко зрозумів, що наявність надійного бізнес-плану є вирішальною для його успіху. Моя перша спроба зробити це була катастрофою. У мене не було досвіду в написанні бізнес-планів, тому я просто записав свої ідеї на папері без жодного порядку чи структури.

Лише після того, як я найняв бізнес-консультанта, я зрозумів, наскільки важливо мати добре структурований план.

Ефективний бізнес-план повинен включати наступні аспекти:

Місія та бачення:
¿Яка мета і завдання вашого бізнесу і чого ви сподіваєтеся досягти за допомогою нього?

Аналіз ринку:
¿Хто ваші потенційні клієнти? ¿Які їхні потреби? ¿Хто ваші конкуренти?

Маркетинговий план:
¿Як ви будете просувати свій продукт чи послугу? ¿Якою буде ваша цінова стратегія?

Фінансовий план:
¿Скільки грошей вам потрібно, щоб розпочати свій бізнес? ¿Скільки ви очікуєте заробити в

перший рік? ¿Які ваші довгострокові фінансові прогнози?

Після того, як у вас буде ефективний бізнес-план, обов'язково регулярно переглядайте та оновлюйте його, щоб він адаптувався до мінливих потреб вашого бізнесу.

- *Стратегії маркетингу та продажів:*

Після того, як у вас буде ефективний бізнес-план, вам знадобиться стратегія маркетингу та продажів, щоб достукатися до ваших потенційних клієнтів. Я зрозуміла, що важливо не лише мати гарну ідею, а й знати, як її продати.

Ось кілька стратегій маркетингу та продажів, які були ефективними для мого бізнесу:

Визначте свою цільову аудиторію:
¿Хто ваші потенційні клієнти, які їхні потреби, як ви можете їх задовольнити?

Створіть сильний бренд:
Ваш бренд - це образ вашого бізнесу, який створюють клієнти. Переконайтеся, що він відповідає всім вашим маркетинговим матеріалам та комунікаціям.

Використовуйте соціальні мережі:
Соціальні мережі - це потужний інструмент для охоплення ваших потенційних клієнтів і підтримання зв'язку з ними.

Він пропонує акції та знижки:
Спеціальна пропозиція або знижка може бути причиною, чому потенційний клієнт обирає ваш бізнес, а не інший.

Розробка персонального бренду:
Окрім бренду для вашого бізнесу, життєво важливо розвивати особистий бренд. Ваш особистий бренд - це те, як ви презентуєте себе світові як особистість і як підприємець. Навчившись будувати і підтримувати сильний особистий бренд, ви зможете встановити значущі зв'язки зі своїми клієнтами і виділитися на тлі конкурентів.

Я також зрозумів важливість створення ефективної маркетингової стратегії для мого бізнесу. Я дізнався, що маркетинг - це не просто просування вашого продукту чи послуги, а створення зв'язку з вашими потенційними клієнтами.

Я розробила інноваційні маркетингові стратегії, які допомогли мені виділитися на насиченому ринку та залучити клієнтів, які шукають щось унікальне та відмінне.

Але справа не лише в бізнес-плануванні та стратегії, важливо також розвивати сильний особистий бренд.

Я дізнався, що те, як я презентую себе та свій бізнес, має вирішальне значення для побудови довіри та авторитету серед моїх клієнтів та ділових партнерів.

Я працював над особистим іміджем, мовою тіла та промовою, щоб переконатися, що мій особистий бренд відображає цінності моєї компанії та відрізняє мене від конкурентів.

*¡З наполегливістю, завзятістю і терпінням!
Ми всі можемо досягти успіху в бізнесі та в
житті.*

06.
КРЕАТИВНІСТЬ ТА ІННОВАЦІЇ

У цьому розділі я поділюся з вами своїм досвідом і знаннями про те, як розвивати ці навички у вашому діловому житті.

Креативність та інноваційність є важливими навичками для будь-якого підприємця, який прагне досягти успіху. На власному досвіді я зрозуміла, що недостатньо слідувати ринковим тенденціям, необхідно бути креативним і шукати нові способи диференціювати себе від конкурентів.

У певний момент своєї кар'єри я зрозумів, що мій бізнес перебуває в стагнації і що мені потрібно робити щось інше, щоб продовжувати зростати. Саме тоді я вирішив заохочувати креативність та інновації у своїй команді, і ми почали шукати нові ідеї та підходи для покращення наших продуктів та послуг.

Спочатку може здатися, що важко вийти із зони комфорту і прийняти нові ідеї, але важливо пам'ятати, що інновації не обов'язково повинні бути складними або дорогими. Іноді найпростіші ідеї можуть бути найефективнішими.

Крім того, необхідно бути в курсі ринкових змін і вчасно до них адаптуватися. На своєму досвіді я бачив, як багато бізнесів зазнали невдачі лише тому, що не пристосувалися до змін на ринку і відстали від них. Тому дуже важливо бути в курсі тенденцій і змін, а також бути готовим адаптуватися і змінюватися, якщо це необхідно.

Креативність та інноваційність є важливими навичками для будь-якого успішного підприємця. Вміння розвивати креативність, шукати нові ідеї та підходи, а також адаптуватися до ринкових змін може стати ключем до збереження конкурентоспроможності та зростання.

Інновації - це основа успіху в бізнесі. Для мене вона починається з креативного мислення та постійного пошуку нових шляхів вирішення проблем і вдосконалення продуктів та послуг.

Я часто задаюся питанням:

"¿Як ми можемо виділитися серед конкурентів і запропонувати нашим клієнтам щось унікальне?"

Я щодня сприяю інноваціям, створюючи підприємницьку культуру, яка цінує творчість та експерименти. У своєму стартапі я заохочую колег ділитися своїми ідеями та поглядами, незалежно від того, наскільки божевільними чи нестандартними вони можуть здатися на перший погляд. Важливо, щоб кожен відчував себе комфортно, співпрацюючи в команді для пошуку креативних рішень викликів, з якими ми стикаємося.

Важливо бути в курсі ринкових змін і галузевих тенденцій, а також бути готовим адаптуватися і розвиватися відповідно до них. Успішні підприємці, які працюють довгостроково, не бояться змінюватися та адаптуватися, щоб залишатися актуальними.

Я та моя команда застосували ці принципи в нашій компанії для розробки нових продуктів та послуг, і ось як нам вдалося виділитися на ринку, що стає все більш конкурентним.

Я сподіваюся, що ці уроки та досвід надихнуть вас мислити нестандартно та заохочуватимуть до інновацій у вашому власному бізнесі.

Креативність та інновації необхідні для того, щоб залишатися актуальними на ринку, який постійно змінюється. Здатність мислити нестандартно та знаходити інноваційні рішення для складних проблем може виділити бізнес серед конкурентів.

Протягом моєї бізнес-кар'єри мені неодноразово доводилося пристосовуватися до ринкових змін. Іноді ці зміни були для мене несподіваними і не давали мені чіткого орієнтиру. Однак з часом я зрозумів, що інновації є не лише життєво важливими, але й необхідними для підтримки успішного та зростаючого бізнесу.

У міру того, як ви просуваєтеся у своїй кар'єрі та бізнесі, я заохочую вас мислити творчо і завжди бути відкритими до нових ідей та способів ведення бізнесу.

"Пам'ятайте, що інновації - це не про те, щоб бути першими в чомусь, це про те, щоб бути кращими в чомусь."

*Здебільшого вас називатимуть божевільними
за інноваційність, але...
"Божевільні - це ті, хто змінює світ."*

07.
ФІНАНСИ ДЛЯ ПІДПРИЄМЦІВ

Коли йдеться про те, як стати успішним підприємцем, однією з найважливіших, якщо не найважливішою, річчю, якій потрібно навчитися, є ефективне управління своїми фінансами.

Незалежно від того, наскільки гарною є ваша бізнес-ідея або наскільки ви захоплені нею, якщо ви не можете правильно розпоряджатися своїми грошима, ваш бізнес не буде процвітати.

Особисто я пам'ятаю, що мав фінансові проблеми у своєму першому бізнесі. У мене не було чіткого розуміння управління бізнесом та особистими фінансами, і я опинився в ситуації, коли не міг оплачувати рахунки і втримувати бізнес на плаву одночасно.

У цій главі я поділюся своїм досвідом і знаннями, отриманими на шляху до фінансового успіху. Сподіваюся, ця інформація допоможе вам уникнути помилок, яких припустився я, ефективніше управляти грошима та отримати фінансування, необхідне для виведення вашого бізнесу на новий рівень.

Це був важкий урок, але він навчив мене складати надійний фінансовий план, з самого початку я вивчив основи бухгалтерського обліку та фінансів, наприклад, як управляти рахунками-фактурами та запасами, розраховувати прибуток і бюджет.

Я також дізнався про важливість ведення детального обліку всіх витрат і доходів, а також прогнозування грошових потоків для планування та запобігання фінансовим проблемам у майбутньому.

Ще один урок, який я засвоїв, - це отримання фінансування для свого бізнесу. У якийсь момент мені знадобилося додаткове фінансування для розвитку мого бізнесу, але я не знав, як його отримати.

Під час дослідження я знайшов різні варіанти, такі як банківські кредити, приватне фінансування та бізнес-акселератори. Я ретельно вивчив кожен варіант і прийняв обґрунтоване рішення про те, як фінансувати свій бізнес.

Але щоб досягти успіху в пошуку фінансування, я дізнався, що необхідно мати надійний і достовірний бізнес-план, з чіткими цілями, ясною стратегією і реалістичним фінансовим прогнозом.

Крім того, я навчився відокремлювати свої особисті фінанси від бізнес-фінансів. Я зрозуміла, що мій бізнес - це не мій особистий рахунок, і що я повинна вести чіткий облік операцій і витрат. Я також дізнався, наскільки важливо мати резервний фонд як для особистих, так і для бізнес-фінансів, щоб бути готовим до будь-якої непередбачуваної події.

Одним з головних викликів, з яким я зіткнувся як підприємець, було навчитися правильно управляти особистими та бізнес-фінансами. Хоча я завжди дбайливо ставився до своїх грошей, я виявив, що управління фінансами в бізнесі набагато складніше і вимагає спеціальних знань.

Дуже важливо мати чітке розуміння своїх особистих фінансів перед тим, як виходити у світ бізнесу. З роками я навчився детально відстежувати свої особисті доходи та витрати, а також складати реалістичний бюджет. Таким чином, я змогла мати чітке уявлення про свої ресурси і про те, як інвестувати їх у свій бізнес.

Коли йдеться про фінансове управління бізнесом, важливо розуміти основні принципи бухгалтерського обліку та фінансів. Від підготовки фінансової звітності до управління податками - глибоке розуміння фінансів бізнесу необхідне для прийняття обґрунтованих рішень.

З іншого боку, отримання фінансування для бізнесу може бути великим викликом. Протягом своєї кар'єри я досліджував різні варіанти фінансування і навчився ефективно презентувати свої бізнес-ідеї, щоб отримати необхідну підтримку.

Поміркувавши і навчившись на своїх помилках, я зробив кроки для покращення своїх бізнес- та особистих фінансів. Я зосередився на вивченні основ бухгалтерського обліку та фінансів і почав використовувати інструменти та програмне забезпечення для фінансового менеджменту, щоб ефективно контролювати свої доходи та витрати.

У міру того, як мій бізнес зростав і розширювався, я також почав працювати з командою бухгалтерів і фінансових консультантів, щоб забезпечити ефективну і прибуткову роботу мого бізнесу. Пам'ятайте, що ефективне управління фінансами є запорукою довгострокового успіху бізнесу.

"Хто зберігає, коли має, той їсть, коли хоче."

08. УПРАВЛІННЯ ЛЮДСЬКИМИ РЕСУРСАМИ

Успіх бізнесу значною мірою залежить від команди, яка керує ним. Тому в цьому розділі ми поговоримо про управління людськими ресурсами та про те, як побудувати сильну команду.

Ефективний підбір персоналу - це ключ до створення команди, яка відповідає очікуванням і цілям компанії. Важливо чітко визначити навички та компетенції, які потрібні кожному кандидату, і розробити суворий процес відбору для їх оцінки.

Але як тільки у вас є обладнання:

¿Як зробити так, щоб вона працювала ефективно та спільно?

Саме тут на перший план виходить розвиток сильної команди. Для цього необхідно сприяти відкритому спілкуванню та командній роботі, ставити чіткі цілі та завдання, а також забезпечувати відповідність бачення компанії всім її членам.

Крім того, важливо управляти продуктивністю та мотивацією команди. Один із способів зробити це - надати можливості для професійного зростання та розвитку, запровадити системи визнання та винагороди за видатні результати, а також створити робоче середовище, яке сприяє добробуту та задоволеності працівників.

З мого досвіду, побудувати сильну команду не завжди легко. Мені довелося зіткнутися з багатьма викликами і вчитися на своїх помилках, щоб очолити ефективну команду. Один з найсильніших уроків, який я засвоїв, полягає в тому, що для побудови сильної команди важливо мати чітке уявлення про очікування та цілі компанії, а також створити організаційну культуру, яка сприяє співпраці та командній роботі.

Отже, управління людськими ресурсами - це ключ до успіху будь-якого бізнесу.

Ефективний підбір персоналу, розвиток сильної команди, управління продуктивністю та мотивація команди - ключові елементи, які повинен враховувати кожен підприємець. При правильному підході та відданості справі можна подолати виклики та створити команду, яка сприятиме успіху компанії.

Важливо пам'ятати, що сильна команда - це не лише вибір найкращих кандидатів, але й створення здорової робочої атмосфери та взаємної довіри.

Члени команди повинні відчувати, що їхню роботу цінують і визнають, а також бути вмотивованими працювати разом для досягнення спільних цілей.

Однією з умов заохочення творчості, яку я вирішив запровадити і яка творить чудеса, є те, що кожна людина, яка вирішує працювати зі мною, повинна прийняти виклик.

Цей виклик полягає в тому, що після трьох місяців роботи з нами ви повинні представити інноваційний проект і почати його розвивати протягом наступних шести місяців.

Я виявив, що, підтримуючи їхні ідеї, вони мотивовані досягати результатів.

Важливо прислухатися до членів команди і брати до уваги їхні ідеї та думки. Крім того, дуже важливо надавати конструктивний зворотний зв'язок і визнавати хорошу роботу.

Нарешті, як підприємці, ми повинні бути готові вчитися і постійно вдосконалюватися в управлінні людськими ресурсами.

Ми повинні бути відкритими до нових підходів і стратегій, а також бути готовими ризикувати в прагненні до досконалості.

Управління людськими ресурсами є фундаментальним аспектом успіху бізнесу, і до нього слід ставитися з такою ж увагою і відданістю, як і до будь-якого іншого аспекту бізнесу.

"Наймайте відданість, тренуйте майстерність."

09. ЕФЕКТИВНА КОМУНІКАЦІЯ ДЛЯ ПІДПРИЄМЦІВ

Комунікація - життєво важлива навичка для будь-якого підприємця. Незалежно від того, наскільки інноваційним є ваш продукт або наскільки вражаючою є ваша бізнес-стратегія, якщо ви не можете ефективно спілкуватися зі своїми клієнтами, партнерами, постачальниками та колегами, ваш бізнес, швидше за все, зазнає невдачі.

У цьому розділі я хочу поділитися з вами своїм досвідом ефективної комунікації для підприємців і тим, як ви можете розвинути цю навичку, щоб досягти успіху в бізнесі.

Ефективна міжособистісна комунікація є основою всіх ділових відносин.

Як підприємець, ви повинні вміти чітко і зрозуміло доносити свої ідеї та думки. Часто успіх компанії залежить від якості комунікації між членами команди.

Ефективний спосіб покращити міжособистісну комунікацію - це активне слухання. Активне слухання означає звертати увагу на те, що говорить співрозмовник, і ставити доречні запитання, щоб показати, що ви зацікавлені в тому, що він говорить. Важливо уникати перебивань і відволікань, щоб забезпечити більш чітку та ефективну комунікацію.

Ще однією важливою навичкою є командна комунікація та лідерство. Як лідер, ви повинні вміти надихати та мотивувати свою команду на досягнення цілей компанії. Для цього ви повинні бути хорошим комунікатором і вміти донести своє бачення у чіткий і зрозумілий спосіб.

Ефективна ділова комунікація також має важливе значення. Це передбачає вміння чітко і лаконічно презентувати звіти та презентації, а також робити це впевнено і авторитетно.

Ефективна ділова комунікація також передбачає вміння будувати і підтримувати відносини з партнерами, постачальниками та клієнтами.

Мій досвід підприємця навчив мене важливості ефективної комунікації. У перші роки своєї кар'єри я припустився багатьох помилок, які коштували мені дуже дорого.

Відтоді я працюю над вдосконаленням своїх комунікативних навичок через практику та постійне навчання.

Моя вам порада - практикуйте активне слухання і розвивайте вміння спілкуватися чітко і впевнено.

Знайдіть час, щоб зрозуміти свою аудиторію і відповідно адаптувати свій стиль спілкування. Це допоможе вам досягти успіху в бізнесі та побудувати міцні й тривалі відносини.

Ефективна комунікація - одна з найважливіших навичок для будь-якого підприємця. Вона необхідна для побудови міцних і тривалих відносин з клієнтами, постачальниками, співробітниками та іншими членами команди.

Протягом моєї кар'єри підприємця я зрозумів, що комунікація - це ключ до успіху.

Ефективна міжособистісна комунікація є основою всіх людських стосунків. Коли справа доходить до побудови відносин з клієнтами та постачальниками, необхідно бути чітким, чесним і прозорим.

Я завжди намагаюся ефективно спілкуватися зі своїми клієнтами, щоб переконатися, що вони розуміють, що я пропоную і як я можу їм допомогти.

З мого досвіду, ефективна комунікація є ключовим фактором у підтримці довготривалих відносин з клієнтами та отриманні цінних рекомендацій.

З точки зору командної комунікації та лідерства, я виявив, що ключ до сильної команди - це чітка і пряма комунікація.

Це означає постановку чітких цілей і ефективне донесення їх до всієї команди.

Також дуже важливо, щоб кожен член команди розумів свою роль і відповідальність у команді.

З мого досвіду, ефективна комунікація є ключовим фактором у керуванні успішними командами та подоланні викликів і перешкод.

Нарешті, ділове спілкування є фундаментальним для успіху будь-якої компанії.

Дуже важливо ефективно донести бачення та місію компанії до всіх членів команди, щоб переконатися, що всі працюють над досягненням однієї і тієї ж мети.

Важливо також повідомляти про цінності та культуру компанії, щоб залучати та утримувати найкращі таланти.

З мого досвіду, ефективна ділова комунікація є ключовим фактором для створення сильного бренду та залучення високоякісних клієнтів і співробітників.

Коротше кажучи, ефективна комунікація має важливе значення для будь-якого підприємця, який прагне досягти успіху.

У міжособистісному спілкуванні, командній та лідерській комунікації або діловому спілкуванні чітка, чесна та прозора комунікація є ключем до встановлення міцних і довготривалих стосунків, керівництва успішними командами та побудови сильного й успішного бренду.

"Найбільший ризик у житті - не ризикувати взагалі."

10. ТЕХНОЛОГІЇ ТА ЦИФРОВА ТРАНСФОРМАЦІЯ

У цьому розділі я розповім про важливість технологій і цифрової трансформації у світі бізнесу та про те, як вони можуть стати ключем до успіху в сучасному бізнесі.

Технологічні інновації докорінно змінили спосіб роботи компаній, відкривши нові можливості для бізнесу.

Цифрова трансформація - це впровадження цифрових технологій у всіх сферах діяльності компанії, від управління персоналом до продажів і маркетингу.

У своєму досвіді підприємця я на власному досвіді переконався, що впровадження цифрових технологій стало ключем до успіху моєї компанії.

Замість того, щоб чинити опір змінам, ми вирішили прийняти їх і побачити в них можливість підвищити нашу ефективність і прибутковість.

Цифрова трансформація може допомогти компаніям оптимізувати свої внутрішні процеси, покращити співпрацю між відділами та працівниками, а також підвищити рівень задоволеності клієнтів.

Крім того, використання цифрових інструментів може допомогти компаніям охопити ширшу аудиторію та розвивати свій бізнес.

Але справа не лише у впровадженні нових технологій у бізнес. Важливо розуміти, як ці технології можуть бути використані для покращення внутрішніх процесів та взаємодії з клієнтами.

Для цього потрібен стратегічний підхід і добре розроблений план, щоб максимізувати потенціал цифрової трансформації.

У моїй компанії ми впроваджуємо інструменти аналізу даних, такі як нейронна мережа: **SAM (System Algorithmic Monitoring / Системи Алгоритмічний Моніторинг)**, назва та абревіатура якої на честь моєї першої доньки *Саманти*, які за життєвим збігом народилися в один день.

Я пам'ятаю той день, 20 вересня 2020 року, щодня.

5 ранку, 5 днів і 4 ночі без сну, намагаючись вирішити алгоритмічне рівняння, щоб нейромережа була автономною у прийнятті рішень щодо симуляцій і прогнозів.

Я натиснув *Enter* на клавіатурі, щоб запустити алгоритм, на екрані з'явився напис *Стабільно*. І моя дружина, вагітна нашою дитиною, кричить мені, що у мене відійшли води, що наша дитина вже в дорозі, так що 2 народилися в один день.

Ми використовували нейронну мережу **SAM** для покращення розуміння поведінки клієнтів. Це дозволило нам розробити більш ефективні маркетингові стратегії та збільшити продажі.

Ми також впровадили інструменти онлайн співпраці, щоб підвищити ефективність нашої команди та мати змогу ефективніше працювати віддалено.

Цифрова трансформація може здатися складним завданням на перший погляд, але при правильному підході та належній підтримці будь-який бізнес може отримати вигоду від цієї технологічної революції.

Ми не повинні забувати, що технології продовжують розвиватися. Як підприємці, ми повинні бути відкритими до змін і завжди шукати шляхи вдосконалення та адаптації до нових тенденцій.

Цифрова трансформація необхідна для будь-якого бізнесу, який хоче вижити і процвітати сьогодні. Важливо не лише впроваджувати нові технології, але й розуміти, як ці технології можна використати для покращення внутрішніх процесів, підвищення рівня задоволеності клієнтів та розвитку бізнесу.

Як підприємці, ми завжди повинні бути в курсі нових можливостей і тенденцій у цифровому світі, щоб впроваджувати інновації та бути лідерами у своєму секторі.

У своїй кар'єрі підприємця я завжди усвідомлював, наскільки важливо бути на передовій технологій. Від самого початку я знав, що технологічні інновації та цифрова трансформація є ключовими факторами успіху будь-якої компанії.

У цьому розділі я хочу поділитися з вами тим, що я дізнався про технології та цифрову трансформацію, а також про те, як ви можете використати їх, щоб вивести свій бізнес на новий рівень.

Технологічні інновації - це потужна сила, яка трансформувала спосіб ведення бізнесу.

Сьогодні більшість підприємств покладаються на технології у своїй роботі - від використання соціальних мереж для охоплення потенційних клієнтів до впровадження систем онлайн-платежів.

Технології - це ключовий інструмент, який дозволяє нам вести бізнес більш ефективно.

Але технології не стоять на місці, вони постійно змінюються. Ось чому дуже важливо, щоб ми, як підприємці, завжди були в курсі подій.

Цифрова трансформація - це постійний розвиток цифрових технологій та їхній вплив на бізнес-процеси.

Це безперервний процес, що постійно розвивається, і дуже важливо, щоб підприємці були в авангарді цих тенденцій.

Цифрову трансформацію може бути складно впровадити для деяких компаній, але вона може зробити різницю між успіхом і невдачею.

Компанії, які не адаптуються до технологічних трендів, ризикують відстати і втратити бізнес-можливості.

Щоб здійснити успішну цифрову трансформацію, потрібно бути готовим до значних змін у способах ведення бізнесу.

Крім того, використання цифрових інструментів сьогодні є запорукою успіху в бізнесі.

Вони можуть допомогти автоматизувати процеси, підвищити ефективність, збільшити продуктивність і поліпшити комунікацію з клієнтами.

Популярні цифрові інструменти включають системи управління проектами, платформи електронної комерції, системи онлайн-платежів, системи управління клієнтами та інструменти автоматизації маркетингу.

"Не бійтеся невідомого, майте сміливість досліджувати його."

11.
ВАЖЛИВІСТЬ ДІЛОВОЇ ЕТИКИ

Бізнес-етика - тема, якій часто не приділяють належної уваги у світі, але для мене вона є одним із ключів до успішного довгострокового бізнесу.

Від самого початку я знав, що хочу не лише побудувати успішний бізнес, але й зробити це етично та відповідально.

У цьому розділі я хочу поділитися своїм підходом до того, як я інтегрую ділову етику та соціальну відповідальність в усі сфери мого бізнесу.

Ділова етика - це не лише про те, що ви робите правильні речі, але й про те, що вона може позитивно вплинути на вашу ділову репутацію, лояльність клієнтів та утримання співробітників.

Для мене бізнес-етика та соціальна відповідальність є невід'ємною частиною моєї бізнес-ідентичності. Від вибору постачальників до того, як ми ставимося до наших колег, ми завжди прагнемо робити правильні речі.

Як підприємець, я також несу особисту відповідальність за те, щоб мій бізнес працював етично та відповідально.

Для мене важливо, щоб мої бізнес-дії відповідали моїм особистим цінностям. Це не тільки правильно, але й створює міцний фундамент для мого бізнесу в довгостроковій перспективі.

Клієнти та співробітники хочуть працювати з компаніями, які дбають про те, щоб робити правильні речі і дотримуються принципів соціальної відповідальності.

Більше того, я вважаю, що бізнес-етика та соціальна відповідальність - це не просто вибір, а обов'язок. Як підприємці, ми маємо значний вплив на наші громади та світ в цілому.

Ми повинні взяти на себе відповідальність за те, щоб цей вплив був позитивним. Бізнес-етика та соціальна відповідальність можуть принести користь вашому бізнесу.

Від підвищення лояльності клієнтів до покращення репутації вашого бізнесу - є багато відчутних переваг від того, що ви робите правильні речі.

Для мене бізнес-етика - це також повага до прав людини та захист навколишнього середовища.

Хоча приймати етичні рішення не завжди легко, важливо пам'ятати, що вони можуть мати довготривалий вплив на репутацію вашої компанії та вашу здатність залучати й утримувати клієнтів і талановитих працівників.

З іншого боку, соціальна відповідальність передбачає, що як підприємець ви повинні усвідомлювати вплив вашого бізнесу на суспільство та навколишнє середовище і працювати над зменшенням будь-якого негативного впливу.

Це може включати впровадження сталих практик, участь у громадських ініціативах та реалізацію політики рівних можливостей для працівників.

Забезпечуючи відповідність наших ділових дій нашим особистим цінностям, ми можемо гарантувати, що наш бізнес має мету, яка виходить за рамки прибутку.

Крім того, це може допомогти нам залучити клієнтів і співробітників, які поділяють наші цінності та віддані нашому етичному і відповідальному підходу.

Звичайно, успіх компанії залежить не лише від бізнес-етики та соціальної відповідальності. Однак я зрозуміла, що ці аспекти є фундаментальними для побудови успішного та сталого бізнесу в довгостроковій перспективі.

Інтегруючи етику та соціальну відповідальність у всі бізнес-рішення, ми можемо гарантувати, що будуємо бізнес, який є не лише прибутковим, але й значущим та має позитивний вплив на світ.

Бізнес-етика - це тема, яку багато підприємців можуть легко випустити з уваги, особливо коли вони зосереджені на фінансовому успіху свого бізнесу.

Однак важливо пам'ятати, що хороша етична репутація необхідна для підтримки міцних і тривалих відносин з клієнтами, постачальниками, працівниками та широкою громадськістю.

На власному досвіді я переконався, що дотримання ділової етики та соціальної відповідальності може бути головним чинником успіху бізнесу.

Важливо, щоб компанії приймали етичні та відповідальні рішення в усіх сферах, від виробництва та дистрибуції до відносин з працівниками та громадою.

Забезпечення відповідності ваших бізнес-дій вашим особистим цінностям має важливе значення для побудови сильного та цілісного особистого бренду.

Як підприємець, ви завжди повинні пам'ятати, що ваш бізнес є продовженням вас самих, а тому повинен відображати ваші цінності та етику.

Крім того, ділова етика може позитивно вплинути на довгостроковий фінансовий успіх вашого бізнесу.

Сучасні клієнти та споживачі все більше зацікавлені у веденні бізнесу з компаніями, які піклуються про навколишнє середовище, соціальну справедливість та сталий розвиток.

Застосовуючи етичні та стійкі бізнес-практики, ви не тільки робите правильні речі, але й будуєте міцний фундамент для майбутнього фінансового успіху вашого бізнесу.

"Нехай ваші дії говорять голосніше, ніж ваші слова."

12.
ПОДОЛАННЯ ПЕРЕШКОД ТА НЕВДАЧ

Протягом моєї кар'єри підприємця я стикався з багатьма перешкодами та невдачами. Але замість того, щоб впадати у відчай, я навчився бачити в кожному виклику можливість рости та вдосконалюватися.

Одна з найбільших перешкод, з якою я зіткнувся, була, коли вирішив жити в Медельїні. На той час я не мав роботи і жив з батьками в містечку Апартадо, штат Антіокія. Пам'ятаю, у мене було не більше 4 доларів США, валіза з парою сорочок і парою джинсів.

Того дня, коли я поїхав до Медельїна, штат Антіокія, я їхав дорогою, на той час це була диявольськи довга подорож, майже 15 годин, мене підвіз друг, який був водієм вантажівки.

Я одразу ж почав працювати шеф-кухарем у ресторані східної кухні. День співбесіди був того ж дня, коли я приїхав до Медельїна, Антіокія.

І, на жаль, єдина пара взуття, яка у мене була, була пошкоджена, підошви відклеїлися. Тож, імпровізуючи, мені довелося склеїти їх назад і вдавати, що нічого не сталося, це було трохи комічно - проходити співбесіду в розбитому взутті.

Це був мій перший день у Медельїні, штат Антіокія, і, не маючи іншого виходу, мені довелося жити на вулиці, поки я збирала гроші, щоб зняти кімнату в пансіонаті.

На цій роботі я дізнався так багато про те, як готувати їжу і як працює компанія, що це була дуже виснажлива робота. Я не спала з 4 ранку до 11 вечора. Найбільше з того часу мені запам'яталося те, що мені доводилося митися у ванних кімнатах торгових центрів, де ресторан працював за франшизою.

Мій безпосередній начальник завжди запитував мене, навіщо я ношу валізу. Я відповідала, що це мій спортивний одяг, але це тому, що мені ніде його зберігати.

Після 6 місяців, коли я інвестував весь свій час і зусилля в цю роботу, я зрозумів, що не отримую тих результатів, на які сподівався. Я відчував себе розбитим і зневіреним, але знав, що повинен продовжувати.

Я зрозумів, що без ризику не буває удачі. Цей досвід допоміг мені вдосконалити мій наступний проект.

Ще одна перешкода, яка позначила моє життя, з'явилася через кілька місяців, коли я отримав більш стабільну роботу аналітика в одному з найбільших банків Колумбії.

Це було тоді, коли я втратив свою наречену в дорожньо-транспортній пригоді і того ж року, разом з моєю теперішньою дружиною, втратив дитину в дорозі. Я впав у таку депресію, що ледь не наклав на себе руки, і мені було нелегко оговтатися від цієї події.

Коли ти втрачаєш когось, ти відчуваєш, що світ руйнується під твоїми ногами і втрачаєш сенс речей. Тоді ти запитуєш себе: ¿Навіщо жити далі?

Після болісних випробувань я знайшов свою відповідь, так само, як і ви колись знайшли свою відповідь.

Моя відповідь була такою: я повинен був чогось навчитися, життя хотіло мене чогось навчити.

Так само, як він навчає вас.

На цьому шляху я також навчився бачити в невдачах можливості для навчання. Замість того, щоб звинувачувати інших або обставини, я взяв на себе відповідальність за власні рішення і вчився на своїх помилках.

Цей менталітет дозволив мені зростати як особистості та як підприємцю.

На шляху до успіху підприємця завжди будуть професійні та особисті перешкоди і невдачі.

Але якщо ми навчимося бачити в кожному виклику можливість рости і вдосконалюватися, ми зможемо подолати будь-яку перешкоду і досягти найамбітніших цілей.

З мого досвіду підприємця я зрозуміла, що кожна перешкода та невдача - це можливість для розвитку та вдосконалення. Справжній ключ до успіху - це здатність оговтатися і продовжувати йти вперед, коли мова йде про підприємництво.

Перешкоди та невдачі неминучі, але важливо те, як ми ставимося до них і як ми їх долаємо.

Перша стратегія, яку я рекомендую, - зберігати позитивний настрій, орієнтований на вирішення проблеми.

Замість того, щоб нарікати на перешкоди чи невдачі, важливо зосередитися на пошуку рішення. Це означає бути креативним і гнучким, бути готовим розглядати альтернативи і робити сміливі та ризиковані кроки.

Друга стратегія - шукати підтримки. Як підприємці, ми часто відчуваємо себе самотніми та ізольованими.

Але важливо пам'ятати, що ми не самотні і що є багато людей, готових нам допомогти. Це можуть бути ментори, інші підприємці, друзі та родина.

Емоційна та практична підтримка цих людей може бути безцінним джерелом натхнення та мотивації.

Третя стратегія - вчитися на помилках.

Ми всі робимо помилки, але головне - вчитися на них і використовувати їх для розвитку та вдосконалення. Це передбачає роздуми про те, що пішло не так, аналіз першопричин і роздуми про те, як можна уникнути подібних помилок у майбутньому.

Крім того, важливо пам'ятати, що невдача - це не кінець світу. Багато успішних підприємців зазнали значних невдач на шляху до успіху.

Важливо не дозволяти невдачам розчаровувати вас і зупиняти ваш рух вперед. Замість цього використовуйте невдачі як можливість вчитися, рости і вдосконалюватися.

Подолання перешкод та невдач є фундаментальним аспектом підприємницької діяльності. Але з правильним ставленням, правильною підтримкою та вмінням вчитися на своїх помилках, ви можете подолати будь-який виклик і досягти Успіху, на який ви заслуговуєте.

Слід пам'ятати, що подолання перешкод і невдач не є легким чи швидким процесом. Він вимагає наполегливості, завзятості, терпіння і мислення, орієнтованого на постійне зростання і навчання.

Важливо бути готовим до змін, експериментувати з новими ідеями та виходити із зони комфорту, щоб протистояти викликам і перетворювати їх на можливості для зростання та успіху.

У своєму підприємницькому досвіді я зіткнувся з кількома перешкодами та невдачами на цьому шляху. Одного разу я запустив продукт, який виявився не таким успішним, як очікувалося, і мені довелося зіткнутися з реальністю, що він не працює.

У той момент я міг би дозволити невдачі здолати себе і взагалі відмовитися від проекту. Однак я вирішив поглянути на це з іншої точки зору і використати невдачу як можливість вчитися і вдосконалюватися.

Я проаналізував, що не спрацювало, і вжив заходів для виправлення ситуації, включаючи коригування продукту та вдосконалення маркетингової стратегії.

Цей процес був нелегким, але завдяки наполегливості та зосередженості на постійному зростанні та вдосконаленні мені вдалося подолати перешкоду і перетворити її на можливість покращити свій бізнес.

Я зрозуміла, що невдачі - це не кінець, а лише частина шляху до успіху. Пам'ятайте, що кожна перешкода і невдача - це можливість вчитися і розвиватися, і що при правильному підході ми можемо подолати будь-який виклик, який трапляється на нашому шляху.

Насамкінець, подолання перешкод та невдач є фундаментальним на шляху підприємництва. Завдяки наполегливості, терпінню та мисленню, орієнтованому на постійне зростання, ми можемо впоратися з будь-яким викликом і перетворити його на можливість вчитися та вдосконалюватися.

Необхідно пам'ятати, що невдачі - це не кінець, а лише частина шляху до Успіху, і що з правильним настроєм ми можемо подолати будь-яку перешкоду, яка трапляється на нашому шляху.

¿Ти щось хочеш?
"Тоді йди і зроби це, бо єдине, що падає з неба - це дощ."

13. ПОРАДИ ТА РЕКОМЕНДАЦІЇ ДЛЯ ДОСЯГНЕННЯ УСПІХУ В БІЗНЕСІ ТА ЖИТТІ

Пройшовши через різні випробування і засвоївши цінні уроки, я можу сказати, що ці поради були для мене фундаментальними.

Перш за все, я хочу нагадати вам про важливість збереження позитивного та наполегливого настрою. Як підприємці, ми повинні бути готові до постійних викликів, але ми повинні бачити в них можливості для розвитку та навчання.

Наполегливість є ключовим фактором, адже ми ніколи не знаємо, скільки часу знадобиться для досягнення наших цілей, і ми повинні бути готові продовжувати йти вперед, навіть коли все здається складним.

Ще одна порада, якою я хочу поділитися - це оточити себе сильною командою. Ми не можемо зробити все самотужки, і для досягнення успіху нам потрібні люди, які поділяють наше бачення і готові наполегливо працювати, щоб його досягти.

Дуже важливо, щоб наша команда володіла додатковими навичками та знаннями, які доповнюють наші власні, щоб разом ми могли вирішувати будь-які проблеми, які виникають.

Що стосується балансу між роботою та особистим життям, дуже важливо пам'ятати, що успіх - це ще не все. Ми повинні приділяти час і енергію нашим особистим стосункам, хобі та діяльності, якою ми захоплені.

Це правда, що для досягнення наших бізнес-цілей необхідна наполеглива праця та відданість справі, але також необхідно підтримувати збалансоване життя, щоб насолоджуватися дорогою до успіху.

Що стосується бізнес-рекомендацій, я вважаю, що важливо мати чіткий і детальний бізнес-план. Це допоможе нам залишатися сфокусованими і йти чітким шляхом до наших цілей.

Крім того, ми повинні бути в курсі останніх тенденцій і технологій у нашій галузі та бути готовими адаптуватися і змінюватися за необхідності.

Насамкінець, я розміркову про необхідність сильної бізнес-етики та соціальної відповідальності. Як підприємці, ми несемо велику відповідальність за позитивний вплив на наші громади та світ в цілому.

Ми повинні переконатися, що приймаємо рішення, які відповідають нашим цінностям і сприяють добробуту людей і планети.

Бути успішним підприємцем - це не лише мати інноваційну ідею та наполегливо працювати, але й знаходити правильний баланс між особистим та професійним життям, підтримувати сильну ділову етику та завжди бути готовим вчитися та вдосконалюватися.

Ось кілька порад і рекомендацій, які допоможуть вам на шляху до успіху в бізнесі і в житті:

Будьте відкриті та завжди вчіться:

Світ бізнесу постійно розвивається, а технології стрімко прогресують. Тому ви завжди повинні бути готові вчитися новому та адаптуватися до змін. Шукайте нові можливості для розвитку та вдосконалення.

Мати чітке бачення:

Перед початком будь-якого бізнесу важливо мати чітке бачення та визначити свої цілі. Майте на увазі, що ваше бачення може змінюватися з часом, але наявність чіткого напряму допоможе вам залишатися на шляху до ваших цілей.

Створіть сильну команду:

Успіх будь-якого бізнесу значною мірою залежить від людей, які в ньому працюють. Витратьте час на відбір найкращих кандидатів і створіть команду, віддану вашим цілям.

Підтримувати баланс між особистим та професійним життям:

Бути успішним підприємцем не означає жертвувати особистим життям. Життєво важливо знайти правильний баланс між роботою та особистим життям, щоб підтримувати свій фізичний та емоційний добробут.

Будьте етичними у своїй діловій практиці:

Бізнес-етика та соціальна відповідальність є фундаментальними для довгострокового успіху будь-якого бізнесу. Переконайтеся, що ваша діяльність відповідає вашим особистим цінностям і сприяє добробуту суспільства та довкілля.

Не бійтеся зазнати невдачі:

Поразки - це неминуча частина шляху до успіху. Замість того, щоб боятися невдач, сприймайте кожну поразку як можливість вчитися і розвиватися. Вчіться на своїх помилках, переоцінюйте свої стратегії і рухайтеся вперед з більшою рішучістю.

Святкуйте свої успіхи:

Обов'язково святкуйте свої досягнення та успіхи на шляху до Успіху. Визнайте і подякуйте людям, які допомогли вам досягти успіху, і знайдіть хвилинку, щоб насолодитися успіхом, перш ніж переходити до наступної мети.

"Життя полягає не в тому, щоб знайти себе,
а в тому, щоб створити себе."

14.
ПРОДАЖ

Я залишив цей розділ на кінець не тому, що він найменш важливий, я зробив це саме тому, що він найважливіший, і частина виклику полягає в тому, щоб дійти до кінця.

"Ми всі є продавцями, доки нам не доведеться продавати собачі екскременти абсолютно незнайомій людині на вулиці."

Це був один з тестів, який я мав пройти, щоб розвинути свої навички продавця, коли намагався влаштуватися на роботу в банк.

Я вважаю себе хорошим продавцем, і це не через зарозумілість чи відчуття, що я кращий за інших, а завдяки досвіду, терпінню і смиренності, а також тому, що у мене був найкращий вчитель. Мій старий...

Коли я був підлітком, я продавав банани з батьком у візку, і з раннього дитинства я зрозумів, що продаж - це не про продукт чи послугу, це про продаж себе, створення близькості та довіри, щоб інша людина відчувала себе комфортно з тобою і довіряла тобі.

Фокус мого старого був простим...

Він нічого вам не продавав, він просто створив потребу, не кажучи ні слова. Саме те, як він рухався, як звертався до вас, створило цю довіру.

Багато разів я бачив, як він приїжджав до магазинів з десятьма чи п'ятнадцятьма кілограмами бананів і, не кажучи ні слова, викладав їх на прилавок.

Власник крамниці за інерцією мозку відповів автоматично:
У мене немає грошей...

І мій тато з посмішкою на обличчі говорив:
Завтра заплатиш мені...

Це миттєво створило потребу.

Коли я бачив це, це завжди вражало мене.

Тому що я не розуміла, як можна без слів змусити когось купити те, що йому не потрібно.

Саме тоді я зрозуміла, що продавати - це не продавати товари чи послуги, продавати - це продавати себе, як особистість, свою сутність, свої страхи, те, як тебе бачать люди.

У цьому останньому розділі я хочу поділитися з вами деякими стратегіями та прийомами, які допоможуть вам розвинути ці навички, деякі з них взяті з особистого досвіду, що трапився зі мною під час мого навчання.

І це не для того, щоб продати свої товари чи послуги, а для того, щоб продати себе і побудувати довіру з людиною, яка сидить по той бік столу.

Крім того, я збираюся поділитися з вами своїм найпотаємнішим секретом, тим, що допомогло мені досягти всього, що я поставив собі за мету. Це секрет Успіху, і я розкрию його вам в останньому параграфі цієї глави, тож давайте почнемо.

"Щосекунди ми продаємо, а самі про це не знаємо."

Це головна помилка, якої ми завжди припускаємося. Багато людей цього не знають, але щосекунди ми продаємо себе. Вдома, на роботі, з сім'єю, з друзями, з колегами, з клієнтами, кожну секунду ми продаємо себе.

Кожного разу, коли ви взаємодієте з кимось, знайомим чи незнайомим, ви продаєте себе, і справа не в тому, що ви хочете їм щось продати, а в тому, що ваша сутність взаємодіє з іншою стороною, і це те, що ця інша сторона збирається у вас забрати.

Як я вже казав, мова йде не про продаж товарів чи послуг. Йдеться про те, щоб бути найкращою версією себе, і ви робите це, продаючи себе.

Особиста презентація - це один із ключів до продажу себе, свого продукту чи послуги. Те, як ви себе презентуєте, може мати великий вплив на те, як вас сприймають інші.

Тому завжди дбайте про професійний та охайний зовнішній вигляд, а також про позитивну та впевнену поведінку.

¡Послухайте!

Найважливіший трюк або ключ, і багато хто зі мною погодиться, - це слухати. Коли ви слухаєте, світ біля ваших ніг.

Активне слухання - це ключ до успішних продажів з вашими потенційними клієнтами. Звертайте увагу на їхні потреби та заперечення і пропонуйте персоналізовані рішення.

Проявіть емпатію та продемонструйте, що ви розумієте його проблеми. Звертаючи увагу на те, що говорить клієнт, ви зможете краще його зрозуміти.

Крім того, клієнт відчує, що його цінують і до нього прислухаються, що може покращити емоційний зв'язок, а отже, підвищити ймовірність того, що він зробить покупку саме у вас.

Я пам'ятаю свій перший тиждень роботи біржовим брокером, у нас було п'ять днів, щоб продати товар, в даному випадку акції. Була вже п'ятниця, останній день, 16:00, всі мої колеги встигли продати, окрім мене.

Не буду заперечувати, що я був трохи наляканий, бо міг втратити можливість, про яку завжди мріяв, і саме страх став тим каталізатором, який змусив мене знову зосередитися.

Це була моя мрія, і я могла її втратити, бо не була зосередженою, тому я взяла кілька секунд на внутрішні роздуми і зосередилася на тому, що мені потрібно зробити, щоб досягти своєї мети. Я пам'ятаю, як мені сказали, що це мій останній дзвінок, мій останній шанс.

Тож з великим позитивом та ентузіазмом я почав розмову з людиною на іншому кінці дроту, я представився професійно і, пам'ятаю, що сказав йому:

¿Що ви шукаєте?...

Нічого більше.

Замість того, щоб презентувати йому послугу, продукт або розповісти сценарій, я дозволила йому представити себе мені, дозволила говорити і слухала його, ця людина розкрилася переді мною, як квітка, я змогла його зрозуміти, і саме вміння слухати врятувало не тільки день, але і мою кар'єру, яка тільки починалася.

Якщо не брати до уваги те, що на той час це був рекорд за найдорожчою позицією у відділі продажів, то я пам'ятаю, як ця людина сказала мені, що хоче купити акції на суму 100 000 доларів США, а поточний рекорд становив 32 000 доларів США.

Я був настільки схвильований, що буквально впав зі стільця, але зі швидкістю кулі піднявся, і ми почали процес придбання їхнього продукту.

Ті дзвінки, які зазвичай тривають 15-20 хвилин, тривали 4 години. Ми закінчили майже о 8 вечора. І це відчуття, що ти чогось досяг, що ти досяг своєї мети, що все, за що ти боровся, матеріалізувалося, ти ніколи не забудеш, тому що це важка праця, це жертви, але головне було і буде **Послухайте**.

¡Емоції!

Емоційний зв'язок є ключовим елементом у процесі продажу. Клієнти більш схильні купувати, якщо вони відчувають емоційний зв'язок з пропонованим продуктом або послугою. Щоб досягти цього, важливо знати клієнта, розуміти його потреби та бажання і відповідно персоналізувати пропозицію.

Знайте свою аудиторію та досліджуйте її потреби, бажання та проблеми, щоб ефективно адаптувати свою пропозицію. Створіть ідеальні профілі клієнтів та персоналізуйте свій підхід, щоб максимізувати шанси на успіх.

¡Протестую!

Клієнти можуть мати заперечення або занепокоєння щодо пропонованого продукту чи послуги. Виявлення цих заперечень та ефективне реагування на них має важливе значення для закриття угоди.

Навчившись переконливо і впевнено відповідати на заперечення, ви підвищите ймовірність того, що клієнт врешті-решт зробить покупку.

Передбачити типові заперечення, які можуть виникнути в процесі продажу, і бути готовими до їх подолання. Навчіться відповідати напористо і переконливо, підкреслюючи переваги та надаючи конкретні докази.

Продавати - це не лише пропонувати товар чи послугу, але й переконувати клієнта купити їх.

Використовуючи психологічні стратегії та прийоми продажів, такі як особиста презентація, активне слухання, емоційний зв'язок, техніки переконання та вирішення заперечень, можна значно підвищити ефективність продажів.

Кілька місяців потому, з більшим досвідом, з більшим розумінням того, де я стою і що маю робити. Пам'ятаю ще один дзвінок, в якому я не представився.

Людина на іншому кінці дроту сказала мені:
Я не маю часу.

І на кілька секунд я завмерла.

Але я відповів:
¿На що не вистачає часу?

І він сказав мені:
Я не маю часу на те, як ти мене називаєш.

Це був дуже конфліктний дзвінок, тому що це був тип клієнтів, з якими ви не можете розмовляти, і ви не дозволяєте їм працювати.

Саркастично сказав я:
Що, якби я дзвонив, щоб сказати вам, що ваш банк схвалив кредит на 5 мільйонів доларів.
¿Ти все одно не знайдеш часу поговорити зі мною?

І ми обидва мовчали близько 5 секунд.

І він відповів мені:
У вас є 30 секунд на виступ.

Я швидко пояснив його процес і закінчив афірмацією:

¿Ти приймаєш це, так?

І він сказав мені:
¡Так!

Ми попрощалися, я побажав йому всього найкращого та успіхів, і ми поклали слухавку. Думаю, це була одна з найкоротших розмов, які у мене були, коли я був брокером, але було цікаво, як кількома словами я зміг перетворити його заперечення на можливість.

¡Переконання!

Переконання є ключовим елементом у продажах. Деякі методи переконання включають в себе:

Створіть унікальну ціннісну пропозицію:

Підкресліть свої сильні сторони та диференціюйте себе від конкурентів. Створіть унікальну ціннісну пропозицію, яка покаже, як ваш продукт або послуга може вирішити проблеми та додати цінності вашим клієнтам. Чітко повідомте про переваги та продемонструйте, чому вони повинні обрати саме вас.

Дефіцит:

Дайте клієнту відчути, що продукт або послуга є обмеженими або дефіцитними, що робить їх більш бажаними.

Соціальний доказ:

Це потужний інструмент продажів. Вона включає в себе відгуки, огляди та історії успіху від задоволених клієнтів, щоб побудувати довіру та авторитет, які підкріплюють пропозицію. Соціальне підтвердження - це ефективний спосіб переконати нових клієнтів діяти.

Влада:

Ви повинні змусити іншу сторону повірити, що у світі немає іншої людини, яка знає більше про предмет, який ви презентуєте, ніж ви.

Життєво важливо, щоб інша сторона відчувала довіру до вас, тому що під час вашої розмови єдине, про що думає її мозок, - чому я можу довіряти цьому хлопцеві і чому я віддам йому свої гроші.

Я знаю, що вони різняться від людини до людини, від компанії до компанії, оскільки вони мають різні стратегії для досягнення продажів, але теоретично це може бути основою для того, щоб продати щось, особливо вам.

І, як я і обіцяв, я відкрию вам секрет Успіху.

Є одне слово, яке багато людей не помічають, а я вважаю, що це найважливіше слово у світі, це слово - **Голод**.

І я говорю не про їжу, я знаю, що ви мене розумієте. Це причина, через яку ми прокидаємося щодня, щоб хотіти кращого життя, щоб досягти мети, щоб завжди хотіти більшого - **Голод**.

Дехто називає секретом успіху наполегливість, завзятість, цілеспрямованість, цілеспрямованість.

У ній багато красивих слів, і всі вони хороші, немає правильної чи неправильної відповіді, але протягом свого життя я зрозумів, що секрет Успіху простіше, ніж всі ці красиві слова, і я підсумував його в одному реченні, і так воно і є:

*"Вставай з клятого ліжка,
і зробити так, щоб речі відбувалися."*

ВИСНОВКИ

¡Ви зробили це! Ви дійшли до кінця цієї книги, і я сподіваюся, що ви знайшли натхнення та мотивацію, необхідні для досягнення успіху в бізнесі та в житті.

На цих сторінках я обговорював важливість планування, наполегливості, креативності, інновацій, фінансового менеджменту, ефективної комунікації, технологій та ділової етики, серед інших тем.

Але найголовніше, я завжди хотів передати вам свій власний досвід і уроки, які я засвоїв на цьому шляху.

Немає сумнівів, що шлях підприємництва не є легким, і що ми зіткнемося з перешкодами та невдачами, але ми завжди можемо знайти спосіб їх подолати.

Насправді, я вважаю, що невдачі - це можливість рости і вчитися на своїх помилках, пробувати знову і досягати успіху в наступній спробі.

Не забувайте завжди підтримувати баланс між особистим і професійним життям, і не забувайте, що успіх - це не тільки заробляння грошей, але й отримання задоволення і щастя від того, що ви робите.

Залишаю вам останні поради: будьте сміливими та наполегливими, ніколи не здавайтеся у своєму прагненні до успіху, будьте креативними та інноваційними, дотримуйтеся своїх цінностей та ділової етики, і завжди пам'ятайте, що шлях підприємництва - це захоплююча пригода.

¡Приємної подорожі!

У цій книзі він спробував розглянути деякі з найбільш важливих і актуальних тем для підприємців, які хочуть досягти успіху у своєму бізнесі і в житті.

Я говорив про позитивне мислення, постановку чітких і досяжних цілей, обґрунтований бізнес-план і прийняття мудрих стратегічних рішень.

Я також говорив про креативність, адаптивність та наполегливість у досягненні цілей. У цьому сенсі я поділився з вами деякими негараздами та викликами, які мені довелося подолати на моєму власному шляху до підприємницького успіху.

Крім того, я розглянув такі ключові питання, як фінансовий менеджмент, управління людськими ресурсами, ефективна комунікація та ділова етика, які є важливими для будь-якої компанії, що прагне бути успішною в довгостроковій перспективі у все більш конкурентному та вимогливому світі.

Нарешті, на цих останніх сторінках я хочу ще раз наголосити на важливості збереження позитивного мислення та чіткого фокусу на довгострокових цілях.

Я також хочу підкреслити, що важливо підтримувати здоровий баланс між особистим і професійним життям, оскільки це може бути ключем до подальшого успіху і щастя в житті.

На шляху до успіху у підприємця завжди будуть перешкоди та виклики. Але з наполегливістю, відданістю справі та стратегічним підходом ви зможете подолати будь-які негаразди та досягти великих успіхів.

Я хочу завершити цю книгу наступним роздумом: ніколи не припиняйте вчитися і розвиватися як особистість і як підприємець. Тримайте свій розум відкритим і продовжуйте шукати нові можливості для вдосконалення та розвитку. Якщо ви залишаєтеся цілеспрямованими та відданими своїй справі, успіх і щастя можуть стати вашими.

Сподіваюся, вона стала вам у пригоді на шляху до успіху в бізнесі та житті.

¡Бажаю вам всього найкращого!

І пам'ятайте...

Все, що вам потрібно - це... ¡Голод до Успіху!

Нело

ПРО АВТОРА

Джек Деніелс Чаваррія (Jack Daniels Chavarria), відомий як **Нело (Nelo)**, є генеральним директором і засновником найбільшого в Латинській Америці холдингу технологічних інновацій **Nelo Group**. Він уродженець Колумбії з маленького містечка Ярумаль, розташованого в сільській місцевості департаменту Антіокія. З раннього дитинства він навчився долати труднощі та мріяти про велике, мотивований негараздами та викликами, з якими він зіткнувся в дитинстві та юності. Незважаючи на те, що він не мав можливості здобути вищу освіту, він завжди вирізнявся великим творчим потенціалом та підприємницьким духом.

З юних років автор зацікавився фондовими ринками та емпіричним шляхом навчився інвестувати та управляти власними коштами. Згодом він став експертом у цій галузі та зумів отримати значні прибутки завдяки своєму баченню та навичкам.

Незважаючи на труднощі, з якими він стикався на своєму шляху, автор ніколи не втрачав пристрасті до бізнесу і завжди шукав нові можливості для зростання та вдосконалення. Його підприємницький дух привів його до заснування кількох успішних компаній у різних галузях, що дозволило йому набути великого досвіду у світі бізнесу та стати авторитетом у своїй сфері.

Цією книгою автор прагне поділитися своїми знаннями та досвідом з іншими підприємцями та діловими людьми, надихнути їх і допомогти досягти Успіху.

www.ingramcontent.com/pod-product-compliance
Lightning Source LLC
Chambersburg PA
CBHW050305230526
45471CB00005B/2033